Ilka Scheidgen

Was auch immer geschieht

Quoi qu'il arrive

Gedichte - Poèmes

Man sieht nur mit dem Herzen gut. Das Wesentliche ist für die Augen unsichtbar.
Antoine de Saint-Exupéry „Der kleine Prinz"

On ne voit bien qu'avec le cœur. L'essentiel est invisible pour les yeux.
Antoine de Saint-Exupéry „Le petit prince"

Alles wirkliche Leben ist Begegnung.
Martin Buber „Ich und Du"

Toute vie véritable est rencontre.
Martin Buber „Je et tu"

Ilka Scheidgen

Was auch immer geschieht

Quoi qu'il arrive

Gedichte

Poèmes

Deutsch - Französisch

Allemand - Français

Bibliografische Information der Deutschen Nationalbibliothek:

Die Deutsche Nationalbibliothek verzeichnet diese Publikation in der Deutschen Nationalbibliografie; detaillierte bibliografische Daten sind im Internet über http://dnb.dnb.de abrufbar.

*TWENTYSIX – Der Self-Publishing-Verlag
Eine Kooperation zwischen der Verlagsgruppe
Random House und BoD – Books on Demand*

© 2020 Ilka Scheidgen

*Herstellung und Verlag:
BoD – Books on Demand, Norderstedt*

ISBN: 9783740767631

*Übersetzung: © Ilka Scheidgen
Cover: © Ilka Scheidgen, unter Verwendung eines
Bildes (Ausschnitt) von Heinrich E. Scheidgen
„Basilique Sainte Marie-Madeleine de Saint Maximin
La Sainte Baume" 1995*

Ilka Scheidgen: Gedichte

„Wie lautlos / der Vogel / die Sterne / und der hinter / Hügeln versinkende Mond // Auch der Wald / und der Weg / hinauf"

Wie lautlos, schwebend und dennoch so wirkungsmächtig ist Ilka Scheidgens Lyrik! Wenn man ihre Gedichte liest, kann man nur bedauern, dass die Lyrik heute ein Stiefkind ist. Marcel Reich-Ranicki äußerte sich einmal, die Zukunft gehöre dem Gedicht.

Dann hat sich auch Ilka Scheidgen die Zukunft gesichert, denn ihre dichterische Kraft wird sie vor dem Auslöschen des Vergessens bewahren. Ihre Sicherheit, der Weltsprachlosigkeit ihre autonome Bildwelt entgegenzusetzen, in hauchdünnen lyrischen Gespinsten das Geflecht von Subjekt und Objekt einzufangen, es in die Freiheit des Traums zu entlassen, auf den Flügeln des Worts, das alles ist erstaunlich und hinterlässt tiefe Spuren.

Es ist diese Selbstverständlichkeit, dieser sichere Umgang mit dem Zauber des Wortes, dass sie auf gewollte, übersteigerte Metaphern völlig verzichten kann. Ihre Lyrik trägt das schlichte Silberkleid des schlichten Fadens, ihre Wahrheit schimmert wie der Stern in der Nacht, das Grelle ist ihr fremd, von ihrer Lyra ertönt kein symbolüberladenes Lied.

Klaus Middendorf

Ilka Scheidgen: Poèmes

"Cet oiseau si silencieux / les étoiles / et la lune / qui s'enfonce derrière / les collines // ainsi que la forêt / et le chemin / vers le haut "

Comme la poésie d'Ilka Scheidgen est silencieuse, flottante et pourtant si puissante! Si vous lisez ses poèmes, vous ne pouvez que regretter que la poésie est un enfant mal aimé aujourd'hui. Marcel Reich-Ranicki a dit un jour que l'avenir appartient au poème.

Dans ce cas alors, Ilka Scheidgen a assuré son avenir, car son pouvoir poétique la préservera de l'oubli. Son assurance à opposer son imagerie autonome au silence du monde, pour capturer l'ensemble du sujet et de l'objet dans sa fine nasse de toile lyrique, pour la libérer dans la rêverie, sur les ailes du mot, tout cela est étonnant et laisse de profondes traces.

Grâce à cette utilisation magistrale de la magie du mot elle peut se passer aisément de métaphores voulues et surfaites. Sa poésie porte la simple robe argentée du simple fil, sa vérité scintille comme l'étoile dans la nuit, l'éclat éblouissant lui est étranger, aucune mélodie (sur)chargée de symboles ne sort de sa Lyre.

Klaus Middendorf

Ich schreibe, weil ich trotz aller Schrecknisse Hoffnung habe und dieser Ausdruck verleihen möchte.

Diese Hoffnung liegt im Kleinen: im Lächeln auf einem Kindergesicht, im selbstverständlichen Ertragen vieler Vergeblichkeiten, im Einverstanden Sein mit dem Tod bei manchen Menschen.

Sie beinhaltet für mich eine „Real - Utopie", dass wir Menschen in unserer Liebes- und Leidensfähigkeit nicht durch Gewalt auszulöschen sind.

J'écris parce que malgré toutes les horreurs j'ai de l'espoir et je veux l'exprimer.

Cet espoir réside dans le petit: dans le sourire sur le visage d'un enfant, dans la tolérance envers toutes ces futilités, dans l'acceptation de la mort de certaines personnes.

Pour moi, cela me conduit à une "réelle utopie" selon laquelle nous, êtres humains, grâce à notre capacité d'amour et de souffrance, ne pouvons pas être éradiqués par la violence.

Ich und Du

Moi et Toi

Untauglicher Versuch

So viel Glück
an einem einzigen Tag

Es festhalten
zu wollen
gliche dem Versuch
das unbändige Meer
an einer Boje
zu fesseln

Tentative infructueuse

Un tel bonheur
en une seule journée

Vouloir le retenir
reviendrait à
une tentative
d'attacher
à une bouée
la mer indisciplinée

Draußen taut es
und mein Herz
möchte
wieder einmal
deine Zustimmung
spüren
das sichere Gefühl
es ist gut
so

Dehors c'est le dégel

et mon cœur

voudrait sentir

encore une fois

ton consentement

le sentiment certain

c'est bien

comme c'est

Warum sagst Du nicht einfach
Komm

Lass uns reden von anderen Zeiten
muss denn jedes Wort
symbolbeladen sein?

Die Zeit
lass uns überlisten

Brückenbauer
sind wir doch nur.

Pourquoi ne dis-tu pas tout simplement
viens

Parlons d'autres temps
chaque mot doit-il
être chargé de symboles ?

Laissons-nous déjouer
le temps

Nous ne sommes que
constructeurs de ponts

Irgendwo

der Satz

„Seit ich sie kenne

hänge ich mehr

am Leben"

Irgendwann einmal

las ich ihn

glaubte

ich wäre

gemeint

Quelque part
la phrase
 »Depuis que je la connais
j'accroche plus
à la vie «

À un moment donné
je l'ai lu
pensais
je c'était moi qui étais
désignée

Lebendige Fülle

von Blumen

damit die Leere

im Raum

sich anfüllt

Damit dein Fehlen

sich verringert

ein wenig

nur

Abondance vivante
de fleurs
de sorte que le vide
dans la chambre
se remplit

Avec ça ton absence
diminue
un petit peu
seulement

Manchmal

wenn wir zu sehr

gleich sind

gleich stark

oder gleich schwach

müssen wir

uns aus dem Weg

gehn

Parfois

quand nous sommes trop

semblables

tout aussi fort

ou tout aussi faible

nous devons

nous éviter

l' un l' autre

Chambre d' amis

Schön dieses Wort
für unser deutsches
Gästezimmer
Wo Gäste Freunde sind
in einem gastlichen Haus
und Freunde
Gast sein dürfen
mehr brauchte es nicht
zum Frieden

Chambre d'amis

Merveilleux ce mot
pour notre
« Gästezimmer » allemand
Où les invités sont des amis
dans une maison hospitalière
où les amis
peuvent être des invités
il n'en faudrait pas plus
pour la paix

Jener Kern der Ruhe
ist schon in dir
geweitet das Herz
von erlebtem Schmerz

Im Zentrum der Kugel
erlischt die Zeit
stehen still die Gedanken
dauert die Liebe

Ce noyau de calme

est déjà en toi

a dilaté le cœur

de douleur ressentie

Au centre de cette sphère

le temps s'efface

les pensées s'arrêtent

l'amour dure

Nicht nachtragen
das Wort
das befremdende

Lauschen
dem Vertrauten

Am entlegenen Ort
bewahrst du sie auf
die gemeinsame Sprache

Oder warst du nur du
und ich nur ich
und sprechen wir
zwei verschiedenen Sprachen

Ne garder pas rancune
du mot
étrange

Écouter
le familier

Dans un endroit éloigné
tu la gardes
la langue commune

Ou étais-tu juste toi
et moi juste moi
et parlons-nous
en deux langues différentes

Zwischen Pappdeckeln

das Gespräch

auf das ich warte

Papierseiten

die nicht

antworten

können

ich aber suche

noch immer

das lebendige Wort

Entre les couches de carton

la conversation

que j'attends

les pages de papier

elles ne peuvent pas

répondre

Mais moi je cherche

encore et toujours

le mot vivant

Von immer zu immer
schiffen wir
uns ein
trägt uns
sicheln
der Mond

De toujours en toujours
nous embarquons
comme sur un croissant
de lune qui nous porte

An der Brücke
über den vereisten Fluss
vergaßen wir den Abschied

Er lief uns davon
leichtfüßig
wie der Bach
über die Kiesel
sprang

Au pont qui traverse

la rivière glacée

nous avons oublié nos adieux

Ils se sont enfuis

agilement

comme le ruisseau

bondissait

par-dessus les galets

Ich sehe die Schlusslichter

des Zuges

und schaue in die Schwärze

des Tages

die Gleise führen

wie immer fernwärts

Der Zug ist abgefahren

Schneiden sich

Parallelen

im Unendlichen

diese Frage stellt sich

jedem Liebenden neu

Je vois les lumières arrières
du train
et regarde dans le noir
du jour
les rails mènent loin
comme toujours

Le train est parti

Est-ce que
les parallèles se croisent
dans l'infini ?
Tout amoureux
se pose encore
cette même question

Kleine Dinge

Bei all meiner Traurigkeit

dass ich so wenig weiß von dir

vergesse ich ganz

die kleinen Dinge

die doch die zärtliche Sprache sprechen

die ich so gerne hörte

Ein weiß-blauer Elefant und

ein kupfernes Pferd

das Lesezeichen mit einer Wiese

wie von van Gogh

obwohl es von einem anderen Maler war

und ein Windstoß mir

das Zeichen entriss

Auch was ich dabei gerade las

habe ich vergessen

weil du nicht mehr danach fragst

und mir dennoch weiter

kleine Dinge schenkst

die mein trauriges Herz

für einige Zeit erwärmen

und ich die Frage nicht stelle

warum

Petites choses

Avec toute ma tristesse
de te connaître si peu
j 'oublie totalement
les petites choses
qui parlent la langue tendre
que j'aimais entendre
Un éléphant blanc et bleu et
un cheval de cuivre
et le marque-page d'un pré
comme de van Gogh
même si c'était d'un autre peintre
et qu'une bourrasque me l'avait arraché
Même ce que je lisais
je l'ai oublié
parce que tu me ne le demandes plus
et pourtant tu continues à me
donner de petites choses
qui réchauffent mon cœur triste
pendant un certain temps
et je ne pose pas la question du
pourquoi

Wenn du die Worte

sorgsam wählst

und verbesserst

das was uns hält

und durchzieht

wie ein Metall

das dem Magneten folgt

weil die Nacht

lang schon anhält

und wir wie Blinde

den Weg ertasten

wird die hauchdünne Wand

zwischen den Räumen

dort und hier

hier und dort

blau wie der Äther

durch den ich hindurch

greife

ohne mich zu verletzen

Si tu choisis les mots

soigneusement

et si tu améliores

ce qui nous tient unis

qui nous travers

comme un métal

qui suit l'aimant

parce que la nuit

dure d´jà depuis longtemps

alors, nous trouverons

comme des aveugles

le chemin en tâtonnant

alors les espaces

entre les cloisons très fines

et ici et là

là et ici

deviennent bleus comme l'Azur

à travers lequel

je passe la main

sans me blesser

Eine fremde Frucht

gabst du mir

zu kosten

ihr wildherber Geschmack

begleitet mich

Das sattgrüne Blatt

hat den Tau

gespeichert

Morgen wird es ihn

brauchen

bei Tag

Un fruit étrange

m'as-tu donné à

goûter

sa saveur sauvage et étrange

m'accompagne

La feuille verte luxuriante

a conservé

la rosée

Demain elle lui sera

indispensable

au cours de la journée

Unvermutete Ankunft

Wie sich das Tor öffnet
und du eintreten kannst
ohne Frage
und die Mahlzeit
geteilt wird
und die Dezembersonne
mitten ins Herz scheint
und wir sprechen können
als gäbe es keinen Abschied
und

Arrivée inattendue

Alors la porte s'ouvre
et tu peux entrer
sans questions
et le repas
est partagé
et le soleil de décembre
brille jusqu'au cœur
et nous pouvons parler
comme s'il n'y aurait pas d'adieu
et

Und du kommst an

und der Tisch ist gedeckt

und du wirst begrüßt

und du setzt dich dazu

und du teilst

und empfängst

und du schmeckst die Liebe

und du trinkst von der Freundschaft

und alles wird leicht

Und du verschenkst ein Lächeln

und du spürst deinen Herzschlag

und ihr schaut euch an

und ihr versteht

Und der Geschmack der Zubereitung

und der Geschmack der Kelterung

bleiben auf deiner Zunge

bleiben in deinem Herzen

bleiben

Et tu arrives

et la table est dressée

et tu es accueilli

et tu t'assieds

et tu partages

et tu reçois

et tu goûtes l'amour

et tu bois de l'amitié

et tout devient facile

Et tu donnes un sourire

et tu sens battre ton cœur

et nous nous regardons

et comprenons

Et le goût de la préparation

et le goût de la vinification

restent sur ta langue

restent dans ton cœur

restent

Aufbrüche - Erinnerungen

Départs – Souvenirs

Die Wege

nicht scheuen

die langen

voller Beschwernis

wenn Eis

das Wasser

gefangen hält

aber auch Schutz gibt

dem Leben

darunter

Ne pas avoir peur

des routes longues

pleines de difficultés

quand la glace

retient l'eau prisonnière

mais garantit aussi

la protection

pour la vie

en dessous

Meine Worte

startbereit

nesteln sich fest

kommen nicht los

Sie spähen

suchen

immerfort

nach Landeplätzen

Diese Einladung

wollen sie hören

Komm Wort

und bleib

Mes mots
prêts au départ
ils restent bloqués
ils ne se détachent pas

Ils jettent un œil
recherchent
constamment
par sites de débarquement

Cette invitation
ils veulent entendre
Viens mot
et reste chez moi

Angekommen

Einmal wollte ich wohl

nur sein

ohne carte d' identité

ohne Geld

und andere Beweise

meiner allseits geschätzten

Tüchtigkeit

nur mit Auge Nase

Mund und Händen

Hirn und

Herz

Arrivé

Une fois que je voulais
juste être
sans carte d'identité
sans argent
et autres preuves
de mes
prouesses supposées
uniquement avec œil nez
bouche et mains
cerveau et
cœur

Alte Zigeunerin

Träumerin in die Weiten
die nicht endenden
alte Tatarin
Spross aus Bojarenblut
deine Träume sind nicht aufzuhalten
wollen fort fort
immer weiter
den Rössern nach
im fliegenden Galopp

nie nie ankommen

Vieille gitane

Rêveuse d'espaces lointaines
vielle Tatare
descendante du sang des boyards
tes rêves sont imparables
ils veulent partir
encore et encore
à la poursuite des chevaux
au galop volant

ne jamais arriver jamais

Allein

Du musst zählen

sagten sie

immer bis sechzig

sagten sie

dann ist eine Minute

vergangen

Es begann zu zählen

das Kind

zu zählen anstatt zu beten

wie viele Minuten

würden es sein

bis zu ihrer Rückkehr

Zwischen die Zahlen

zwischen die Tränen

mischte sich

gnädig der Schlaf

Seul

Tu dois compter
ils ont dit
toujours jusqu'à soixante
ils ont dit
alors une minute
sera passée

Il a commencé à compter
l'enfant
compter au lieu de prier
combien de minutes
s'écouleraient
jusqu'à leur retour

Entre les chiffres
entre les larmes
se mêlait
heureusement le sommeil
miséricordieux

Kindheit
Im Maiwäldchen
fuhren wir
unsere Puppen
spazieren

Das Rauschen der Stadt
drang nicht
bis zu uns

Zwischen Jasmin
und Rotdorn
spielten wir Verstecken

Nichts ist mehr
wie es war

Enfance

Dans les bois de mai
nous promenions
nos poupées

Le bruit de la ville
ne nous est
pas parvenu

Entre jasmin
et aubépine
nous avons joué à cache-cache

Rien n'est plus
comme avant

Wenn einer

herausfällt

aus der Freude

wie ein glimmender

Holzscheit

aus dem schönen Kamin

und darauf wartet

verlöschend

erkaltet

dass ihn jemand aufhebt

ihn hineinlegt

ins Feuer

das die Wärme gebiert

Quand quelqu'un

n'a plus la joie

et tombe hors de la belle cheminée

comme un morceau de bois

incandescent

et attend

rejeté et refroidissant

que quelqu'un le ramasse

le remet

dans le feu

qui donne naissance à la chaleur

Da im Park
die unerwartete Begegnung
lange ist's her
seit wir uns sahen
du lachst mich an
als sei niemals Winter gewesen

Jetzt bleiben wir stehn
beieinander
und ich sehe wieder
die Sonne
in deinen Augen

Là dans le parc

la rencontre inattendue

ça fait longtemps

depuis qu'on s'est vus

tu me souris

comme si ça n'avait jamais été l'hiver

Maintenant on s'arrête

ensemble

et je revois

le soleil

dans tes yeux

Von den Lichtern

der Stadt

eines bist du

unvergessen

unter den hohen

fernen

Parmi les lumières
de la ville
tu en es une
inoubliable
une parmi les hautes
et lointaines

Das Lied der Nachtigall

(Märchen von Oscar Wilde)

Die Rosen

kauft man heute

im Geschäft

niemandes Herzblut

wird mehr gefordert

für die Liebe

La chanson du rossignol
(Conte de fées d'Oscar Wilde)

Les roses
de nos jours s'achètent
en boutique
le sang du cœur
n'est plus de mise
pour l'amour

Manchmal
hilft ein Wort
manchmal
Schweigen

Parfois

un mot aide

parfois

se taire

Wörter

die geschützt werden

müssen

Frieden zum Beispiel

Liebe Gott Baum

und Mensch

wenn die Pforte sich nicht

vor uns verschließen soll

die enge

Paroles

qui doivent être protégées

La paix, par exemple

L'amour, dieu, l'arbre

et l'homme

pour que la porte, l'étroite

ne se referme pas

devant nous

Den verwelkten Sommer
harke ich zusammen
ein grüner Fleck
beginnt zu atmen

Ich sammle Zweige
zum Entfachen des Feuers
sortiere Gedanken
und siebe sie
durchs Raster meiner Liebe

Du befreist
die Rechen vom Laub
jetzt täglich
damit das Wasser
fließen kann
zu uns
an uns vorbei
wenn der Neumond
zum Neumond
wechselt

Je ratisse
l'été flétri
une tache verte
commence à respirer

Je collectionne des brindilles
pour allumer le feu
je trie les pensées
et les tamise
à travers la grille de mon amour

Tu libères
les râteaux des feuilles
maintenant tous les jours
pour que l'eau
puisse couler
vers nous
et devant nous
d'une nouvelle lune
à la prochaine
nouvelle lune

An einem blauen Sonntag
brach ihr Herz
Am Montag wuchs eine Blume
vor der geschlossenen Tür

Es war
alles
gesagt

Par un dimanche bleu
son cœur fut brisé

Une fleur a poussé le lundi
devant la porte fermée

Tout était
dit

Als dein Brief kam
zog bei uns Nebel
Schleppkähne hinter sich her
und in der Provence
reifte der Wein

Deine Tage wurden erhellt
vom Kinderlachen
der Enkel
und du schicktest mir
die Frage ob wir
am abendlichen Kaminfeuer
neue Antworten gefunden hätten
auf die grundlegende Frage
nach dem Sinn unseres Daseins

Aber die waren dir schon gegeben
in den Gesichtern der Kleinen
die eure Stimmen erwarten
und den Sonnenschein
das Haus das Brot den Garten
und die Hühner am Morgen
mit ihrem Lachen
und jedem kleinen Schritt
den sie dem Tag anvertraun

Quand ta lettre est arrivée
le brouillard a remorqué
des barges
et en Provence
le vin a mûri

Tes jours ont été illuminés
du rire de petits-enfants
et tu m'as envoyé
la question à savoir
si nous avions trouvé
au feu de bois du soir
de nouvelles réponses
à la question fondamentale
du sens de notre existence

Pourtant elles vous ont déjà été apportées
sur les visages des petits
qui attendent ta voix
et le soleil
la maison le pain le jardin
et les poules au matin
avec leur rire
et chaque petit pas
qu'ils confient au jour

Es gibt Tage

da werfen die Dinge

keine Schatten

da fliegen die Vögel

ohne Flügelschlag

da glitzern Tautropfen

als seien sie von Dauer

da werden wir durchsichtig

und sehen bis zum Grund

An diesen Tagen

geht die Gleichung auf

ohne unser Zutun

Wir sind ganz still

und vergessen beinahe

das Atmen

und finden uns

in den Zwischenräumen

der Zeit

Certains jours

les choses ne projettent

pas d'ombres

les oiseaux volent là-bas

sans battement d'ailes

des gouttes de rosée y brillent

comme si elles étaient éternelles

alors on devient transparent

et on aperçoit le fond des choses

Ces jours-là

l'équation fonctionne

sans notre intervention

Nous sommes très calmes

et nous oublions presque

de respirer

et nous nous trouvons

dans les interstices

du temps

Was auch immer geschieht

Quoi qu'il arrive

Was auch immer geschieht

lass uns den Blick bewahren

für die so seltenen Wunder

die doch täglich geschehen können

Was auch immer geschieht

lass uns Kinder bleiben

in unserer älter werdenden Haut

lass unsere Stimmen leise werden

und die Ohren hellhörig

für die ganz feinen Töne

Was auch immer geschieht

lass unsere Augen

den einmal geschauten Glanz

nicht vergessen

und die Heiligen

in den stillen Kirchen nicht

Denn sie harren aus für uns

wenn keiner zu ihnen kommt

und längst keiner mehr

an sie glaubt

nur das Kind in uns

Quoi qu'il arrive

Gardons nos yeux ouverts

pour les rares miracles

ceux qui peuvent arriver tous les jours

Quoi qu'il arrive

restons des enfants

dans notre peau vieillissante

laissons nos voix se taire

et les oreilles faire attention

aux sons les plus subtils

Quoi qu'il arrive

ne laissons pas nos yeux

oublier la splendeur

 jadis aperçue

ni les saints

dans les églises silencieuses

Parce qu'ils nous attendent

si personne ne vient à eux

et personne d'autre

ne croit en eux

à part l'enfant en nous

Lass uns zu den Fiestas gehen
lass uns essen und singen
tanzen und beten
Heilige sind fröhliche Menschen

Sie wissen dass das Leben stärker ist
als der Tod
und wollen es uns sagen
aber ihre Stimme
können nur Kinder verstehen

Seht doch sagen sie
aus der vom Sturm gefällten Weide
wachsen Zweige
zu neuen starken Bäumen heran.

Oh ich närrischer Narr
schrieb einmal Heinrich Heine
an seinen Freund Sethe
"Kindlein glauben"

Allons aux fêtes
laissez-nous manger et chanter
danser et prier
Les saints sont des gens heureux

Ils savent que la vie est plus forte
que la mort
et ils veulent nous le dire
mais seuls les enfants
peuvent comprendre leur voix

Voyez, ils disent,
du saule abattu par la tempête
ils poussent des branches
pour de nouveaux arbres puissants

Oh, pauvre imbécile que je suis !
écrivit Heinrich Heine un jour
à son ami Sethe
« Les petits ont la foi»

Die Pflanze Hoffnung

nicht

mit Reden düngen wollen

nicht

mit Fragen beschneiden

sie einfach wachsen

lassen

Ne cherchez pas à fertiliser

la plante espoir

avec des discours

ne la retaillez pas

avec des questions

laisser la se développer

simplement

Mein morgendlicher Gang

durchs Blütenmeer

dieses Gehen

ein kurzes Stück

und dort

ganz nah einen

Duftsprung nur

Dein ganz einverständlich

Atmen tagaus

Ma promenade matinale

à travers une mer de fleurs

déambuler un bout de chemin

et là tout proche

à portée des parfums

ta respiration regulière

tout à fait d'accord

au jour le jour

Lauter ehrliche Dinge tun
einen ehrlichen Brief
schreiben zum Beispiel
oder einen Menschen
ansprechen und ihm
sagen: ich mag dich
es einmal wirklich tun
nicht immer wieder
Rücksichten vorschieben

Ein Kind
um Verzeihung bitten
alle Überlegungen
hintenanstellen
einen Freund fragen
warum rufst du nicht an

Den falschen Stolz
falls es überhaupt
einen echten
geben kann
ein für allemal
begraben

Faire plein de choses

honnêtes

écrire une lettre honnête

par exemple

ou s'adresser à une personne

et lui dire: je t'aime bien

le faire vraiment

ne pas toujours prétexter

des considérations inutiles

Demander pardon

à un enfant

en ècartent des reflexions

mal venues

demander à un ami

pourquoi tu n'appelles pas

Enterrer

une fois pour toutes

la mauvaise fierté

si jamais une vraie

existait

Den sich neigenden Tag

auskosten mit

Meer in den Augen

das Glück unter Freunden

schmecken

die wunderbare Länge

von Stunden

den Meereswind einfangen

die Sterne nun

über den leeren Stranden

und denken

so

müsste es immer sein

Savourer le jour décroissant

avec la mer dans les yeux

goûter au bonheur

d'être entre amis

et la merveilleuse longueur

des heures

capturer la brise de mer

et puis plus que les étoiles

sur les plages vides

et penser que

ça devrait toujours être

ainsi

Wieder einmal

hat sich

ein Vorurteil

nicht bestätigt

endlich einmal

dieser Vorschuss

Liebe

Encore une fois
un préjugé n'a pas été
confirmé
enfin pour une fois
c'est une avance
pour l'amour

Komm

lass unserer neuen

Hoffnung

nun Wege bauen

lass unsere

Krisen und Ängste

als Pflastersteine

gut sein

Viens
construisons maintenant
des chemins
pour notre nouvel espoir !

Que nos crises et angoisses
leurs servent
de pavés solides

Wie lautlos

der Vogel

die Sterne

und der hinter Hügeln

versinkende

Mond

Auch der Wald

und der Weg hinauf

Cet oiseau

si silencieux

les étoiles

et la lune

qui s'enfonce

derrière les collines

La forêt aussi

et le chemin

vers le haut

Der Zaun

der schützende

das Tor

zu zweierlei

Gebrauch

zum Schließen

und

zum Öffnen

La clôture

comme protection

le portail

à double emploi

fermeture et

ouverture

Am Meer

der nicht sichtbare

Horizont

aber zu wissen

dort drüben

ist Land

À la mer

l'invisible

horizon

mais la certitude

d'un pays

là-bas

Wenn Du sagst

ich freu mich

dann

stimmt es

zwischen uns

und die Eiszeit

bringt

Blüten hervor

Si tu dis

je suis heureux

alors

tout va bien

entre nous

et l'ère glaciaire

produira

des fleurs

Wie macht man das
etwas wiederfinden
was verlorenging
Gott
oder die Liebe
und den Glauben
den alten Kinderglauben
alles
alles würde wieder gut

Comment s'y prendre pour
retrouver quelque chose
ce qui était perdu
Dieu
ou l'amour
et la foi
la vieille foi infantile
tout
tout irait bien à nouveau

Sterben nein nicht

Abschied

Du nahmst meine

Hand

wie ich nehme nun

diese hier

Glieder einer Kette

nur das

sind wir

Mourir non

adieu

Tu as pris ma main

comme je la prends

la tienne

maintenant

Maillons d' une seule chaine

c'est ce que nous sommes

pas plus

Schlaf du sanfter

Bruder des Todes

mit gleichmäßigen

Atemzügen

trägst du uns

ins Nicht Erfahrbare

Sommeil

doux frère de la mort

avec ton souffle

regulier

tu nous portes

dans l'inconnu

Nenn Du es Zufall

ich nenne es

Gott

Unbegreiflich

bleibt es uns

Ein uns Zufallendes

ist dieses Leben

das Glück und

die Trauer und

das Leid

Bringt uns der Zufall

zu Fall oder

nehmen wir ihn an

Dies ist das Maß

unserer Freiheit

Tu appelles cela
coïncidence
moi, je l'appelle
Dieu
Cela reste
incompréhensible

Que nous arrive-t-il
cette vie
que nous a été allouée
le bonheur et
le chagrin et
la souffrance

Est-ce le hasard
qui cause notre chute
ou
son acceptation ?

Voilà
la seule mesure
de notre liberté

Wie der erlenbesäumte

Bach strömt unser Leben

dahin unter Brücken des Lichts

Alleen öffnen sich vor

der sich ausbreitenden Nacht

während die Blätter fallen

Und sich in uns etwas formt

wie Vollständigkeit

Tel le ruisseau
bordé par des aulnes
nos vies s'écoulent
sous des ponts de lumière

Des avenues s'ouvrent
sur la nuit qui s'étend
pendant que les feuilles tombent

Et que quelque chose
grandit en nous
comme un achèvement

Ein Tag

Jemand wird geboren

jemand möchte sterben

jemand geht in den Garten

jemand stirbt im Kampf

jemand hat Grund zur Freude

jemand ist einsam

jemand musiziert

jemand malt ein Bild

jemand ist glücklich

jemand betrügt

jemand weint

jemand glaubt an Gott

jemand glaubt an ein Nichts nach diesem Leben

jemand gebiert ein Kind

jemand verliert ein Kind

jemand bittet um Hilfe

jemand baut ein Haus

jemand geht über eine Brücke

jemand denkt

jemand fragt

jemand dankt

jemand liebt

jemand hofft

jemand zweifelt

Jemand

Ich

Du

Wir

Un jour

Quelqu'un est né
quelqu'un veut mourir
quelqu'un se promène dans le jardin
quelqu'un meurt au combat
quelqu'un a de la joie
quelqu'un est seul
quelqu'un fait de la musique
quelqu'un peint une image
quelqu'un est heureux
quelqu'un triche
quelqu'un pleure
quelqu'un croit en Dieu
quelqu'un croit au néant après cette vie
quelqu'un donne naissance à un enfant
quelqu'un perd un enfant
quelqu'un demande de l'aide
quelqu'un construit une maison
quelqu'un marche sur un pont
quelqu'un pense
quelqu'un demande
quelqu'un remercie
quelqu'un aime
quelqu'un espère

quelqu'un doute

Quelqu'un

Moi

Toi

Nous

Einmal wieder
unbeschwert
im Grase liegen
Heu in den Haaren
wiesene Blüten
das Gesicht
streicheln lassen

Einmal wieder
des Abends
den sichelnen Mond
herunterholen
und sehr viele Sterne
zum Spiel

Einmal wieder
zu den Wolken
sich von wehender Birke
hinaufziehen
frei
einmal wieder
schwerelos sein

Etre encore une fois

sans soucis

être couché dans l'herbe

avec du foin dans les cheveux

laisser caresser

son visage

par les fleurs

Un soir

aller cueillir

encore une fois

le croissant de lune

et beaucoup d'étoiles

par jeu

Encore une fois

monter

aux nuages

à l'aide du bouleau battu par le vent

librement

être encore une fois

en apesanteur

Dem Baum

gleich sein

der sich im Winde

wiegt

Schatten spendet

und sein Haupt

dem Himmel

öffnet

Être semblable à

l'arbre

qui se berce

dans le vent

qui donne l'ombre

et qui ouvre

sa tête

vers le ciel

Mutter

Du gingst voraus
ohne Traurigkeit
verzehrt
bis die Flamme
erlosch
Du hieltest stand
bis zuletzt

Als die Erde dich nicht
mehr band
lag Frieden
auf deinem Gesicht

Mère

Tu nous as précédés
sans tristesse
consumée, usée
jusqu'à ce que la flamme
se soit éteinte
Tu as résisté
jusqu'à la fin

Quand la terre
ne te retenait plus
la paix est
apparue
sur ton visage

Blühende Gärten
in denen wir
die verlorenen Träume
unserer Kindheit suchen

Trost
Du blühender Garten
Gott

Jardins fleuris
dans lesquels nous sommes
à la recherche
de rêves perdus
de notre enfance

Consolation
Toi jardin fleuri
Dieu

Täglich säen wir Samen aus
für Bäume des Himmels
darin unsere Träume nisten

Die Vögel fliegen auf
aus ihren Zweigen
sieh doch, die Luft trägt!

Täglich säen wir neue Samen
für einen ganzen Wald Hoffnung
weil das Paradies in uns wurzelt

Chaque jour nous semons des graines

pour les arbres célestes

pour y nicher nos rêves

Les oiseaux s'envolent

de leurs branches

regardez, l'air les porte!

Chaque jour nous semons de nouvelles graines

pour toute une forêt pleine d'espoir

parce que le paradis est enraciné en nous

Schmetterlingsgleich

ist unsere Zeit

uns zugemessen

ein Hauch

Beständigkeit

Comme à un papillon

notre temps

nous est alloué

une touche

de permanence

Wenn unsere Schritte nicht stockten
vor den unsichtbaren Gräben
Wenn das reine Wasser
fließen könnte ungehemmt

Wenn die Wälder über
die Ufer träten dann

Wären wir wie der Plan
einmal war dann läge

Auf den Waagschalen der Zeit
Leben bereit

Si nos pas ne faiblissions pas
devant les tranchées invisibles

Si l'eau pure
pourrait couler sans retenue

Si les forêts enjambaient
les rivages

On ferait alors
partie du plan original

Et sur la balance du temps
de la vie serait disponible

Denn die Zeit eilt dahin
ich sage dies und jenes
täglich Wichtige was
doch im Gegensatz zu dem
was wichtig ist so nichtig ist

Und eines Tages bleibt
mir keine Zeit mehr dir
dies Eine noch zu sagen
was stets auf meinen Lippen lag

Und dann dort liegenblieb

Parce que le temps file à toute vitesse

je dis ceci et cela

choses importantes du quotidien

mais qui contrairement à

ce qui est important

sont tellement insignifiantes

Et un jour prochain

je n'aurai plus le temps

de te dire la seule et unique chose

celle qui me brûlait les lèvres

Et qui ensuite est restée là

Der Schneeflocke gleich sein

die nichts will

die fällt und sich niederlegt

die uns erfreut in ihrem Glanz

und schmilzt ohne Rest

ohne Anspruch

Être semblable au flocon de neige

qui n'exige rien

qui tombe et se couche

il nous ravit par sa splendeur

et fond sans résidus

sans prétention

Rätsel Leben
und wir auf dem Weg

Zuhause ist
von wo man aufbricht
ins Unbekannte

Das Ganze
kennen wir nicht

Vie d'énigme
et nous en chemin

Notre maison est là
d'où nous partons
vers l'inconnu

Nous ne connaissons pas
Le tout

Inhalt

Ich und Du

Untauglicher Versuch 12
Draußen taut es 14
Warum sagst du 16
Irgendwo 18
Lebendige Fülle 20
Manchmal 22
Chambre d'amis 24
Jener Kern der Ruhe 26
Nicht nachtragen 28
Zwischen Pappdeckeln 30
Von immer zu immer 32
An der Brücke 34
Ich sehe die Schlußlichter 36
Kleine Dinge 38
Wenn du die Worte 40
Eine fremde Frucht 42
Unvermutete Ankunft 44
Und du kommst an 46

Aufbrücke – Erinnerungen

Die Wege 50
Meine Worte 52
Angekommen 54
Alte Zigeunerin 56
Allein 58
Kindheit 60
Wenn einer herausfällt 62
Da im Park 64
Von den Lichtern 66
Das Lied der Nachtigall 68
Manchmal 70

Wörter	72
Den verwelkten Sommer	74
An einem blauen Sonntag	76
Als dein Brief kam	78
Es gibt Tage	80

Was auch immer geschieht

Was auch immer geschieht	84
Laß uns zu den Fiestas gehen	86
Die Pfflanze Hoffnung	88
Mein morgendlicher Gang	90
Lauter ehrliche Dinge	92
Den sich neigenden Tag	94
Wieder einmal	96
Komm	98
Wie lautlos	100
Der Zaun	102
Am Meer	104
Wenn du sagst	106
Wie macht man das	108
Sterben nein nicht	110
Schlaf du sanfter	112
Nenn du es Zufall	114
Wie der erlenbesäumte	116
Ein Tag	118
Einmal wieder	120
Dem Baum gleich sein	122
Mutter	124
Blühende Gärten	126
Täglich säen wir Samen aus	128
Schmetterlingsgleich	130
Wenn unsere Schritte	132
Denn die Zeit eilt dahin	134
Der Schneeflocke gleich sein	136
Rätsel Leben	138

Contenu

Moi et toi

Tentative infructueuse	13
Dehors c'est le dégel	15
Pourquoi ne dis-tu pas	17
Quelque part	19
Abondance vivante	21
Parfois	23
Chambre d'amis	25
Ce noyau de calme	27
Ne garder pas rancune	29
Entre les couches de carton	31
De toujours en toujours	33
Au pont qui traverse	35
Je vois les lumières arrières	37
Petites choses	39
Si tu choisis les mots	41
Un fruit étrange	43
Arrivée inattendue	45
Et tu arrives	47

Départs – souvenirs

Ne pas avoir peur	51
Mes mots	53
Arrivé	55
Vieille gitane	57
Seul	59
Enfance	61
Quand quelqu'un	63
Là dans le parc	65
Parmi les lumières	67
La chanson du rossignol	69

Parfois   71
Paroles   73
Je ratisse   75
Par un dimanche bleu   77
Quand ta lettre est arrivée   79
Certains jours   81

Quoi qu'il arrive

Quoi qu'il arrive   85
Allons aux fêtes   87
La plante espoir   89
Ma promenade matinale   91
Faire plein de choses   93
Savourer le jour décroissant   95
Encore une fois   97
Viens   99
Cet oiseau   101
La clôture   103
À la mer   105
Si tu dis   107
Comment s'y prendre pou   109
Mourir non   111
Sommeil   113
Tu appelles cela   115
Tel le ruisseau   117
Un jour   119
Encore une fois   123
Être semblable à   125
Mère   127
Jardins fleuris   129
Chaque jour nous semons des graines   131
Comme un papillon   133
Si nos pas ne faiblissions pas   135
Parce que le temps file   137
Être semblable au flocon de neige   139
Vie d'énigme   141

Ilka Scheidgen schreibt Lyrik, Romane, Erzählungen, Essays, Rezensionen und Autorenporträts. Sie hat sich als Schriftstellerin und Publizistin in vielfacher Weise einen Namen gemacht.

Von ihr sind sechs Gedichtbände erschienen und drei Bände mit Bildgedichten.

Über Hilde Domin (1909-2016) und Gabriele Wohmann (1932-2012) hat Ilka Scheidgen die einzigen autorisierten Biografien veröffentlicht.

Zuletzt erschienen von ihr sechs Bände mit Doppel-Porträts bekannter Schriftsteller und Schriftstellerinnen.

2002 wurde sie für ihr literarisches Werk mit dem Kulturpreis des Kreises Euskirchen ausgezeichnet.

Homepage der Autorin: www.ilka-scheidgen.de

Ilka Scheidgen écrit de la poésie, des romans, des histoires, des essais, des critiques et des portraits d'auteurs. Elle s'est fait un nom à bien des égards en tant qu'écrivaine et publicitaire.

Six volumes de sa poésie ont été publiés et trois volumes de poèmes illustrés.

Ilka Scheidgen a publié les seules Biographies autorisées sur Hilde Domin (1909-2006) et Gabriele Wohmann (1932-2012).

Elle a récemment publié six volumes avec doubles portraits des écrivains et des écrivaines bien connus.

En 2002, elle a reçu le prix culturel du district d'Euskirchen pour son œuvre littéraire.

Page d'accueil de l'auteur: www.ilka-scheidgen.de

Pressestimmen zur Lyrik von Ilka Scheidgen

Die Kölnische Rundschau hielt in ihrer Besprechung fest:
„Das Lesen ihrer Gedichte gleicht einem Gang durch Leben
und Tod, dazu durch die Jahreszeiten und damit einer
Suche im Rätsel Leben."

Die Dichterin Hilde Domin hob über die Gedichte von Ilka
Scheidgen hervor. „Ausgezeichnet die Kürze, mit der Sie
auskommen. Einig bin ich mit Ihnen in der Dennoch-
Hoffnung."

Der Lyriker Peter Rühmkorf meinte zu Scheidgens
Gedichten: „Sie sind eine Meisterin der lyrischen Miniatur:
lauter kleine gestochene Wahrnehmungen, die dann
zielsicher in die Tiefe führen. Es sind auch markante
Beispiele, wie man im methodisch eng gehaltenen Rahmen
noch Moral wahren kann. Fast möchte ich sagen: leuchten
lassen."

„Es handelt sich um eine Dichterin, die in den oberen
Etagen der deutschen Dichtkunst zu Hause ist. - Ihre Poeme
beschäftigen sich mit der Hoffnung, dass es Frieden unter
den Menschen gibt und dass die verborgenen Schönheiten
der Natur nicht eines Tages unwiederbringlich
verlorengehen." - *Kölner Stadt-Anzeiger*

„Artifizielle Schnörkelei ist der Lyrikerin fremd, und ihre
Überzeugung, dass dem Menschen die persönliche
Anstrengung nicht erspart bleibt, im Leben einen Sinn zu
finden - und dass dieser Sinn sich nur im Zusammenleben
mit anderen offenbart, trifft den Nerv der Zeit." -
Darmstädter Kulturnachrichten

Commentaires dans la Presse sur la Poésie d'Ilka Scheidgen

Dans sa revue, la «Kölnische Rundschau » a déclaré:
« Lire les poèmes de Ilka Scheidgen c'est comme traverser la vie et la mort, ainsi que les saisons. On est en quête des mystères de la vie. »

La poétesse Hilde Domin apprécié les poèmes de Ilka Scheidgen en déclarant : «Excellente cette brièveté avec laquelle vous vous en tirez ! Je vous rejoins dans l'espoir du « Malgré Tout »

Le poète Peter Rühmkorf a commenté ses poèmes comme suit: Vous êtes maître dans la miniature lyrique: toutes ces petites perceptions pointues qui infailliblement vont en profondeur. Ce sont aussi des exemples frappants de la façon dont on peut encore maintenir une moralité, même dans un cadre méthodiquement étroit. J'ai presque envie de dire: « qui nous éclaire ! »

C'est une poétesse familière des hautes sphères de la poésie allemande. Ses poèmes sont guidés par l'espoir de paix parmi les Hommes et l'espoir que les beautés de la nature ne seront pas un jour perdues à jamais ! »*Kölner Stadt-Anzeiger »*

«Les fioritures linguistiques lui sont étrangères et sa conviction que les Hommes ne sont pas épargnés de l'effort personnel pour trouver un sens à la vie - et que ce sens ne se révèle qu'en vivant au contact de l'Autre – voici l'épicentre même des problèmes de notre époque . » *L'Actualité culturelle de Darmstadt »*

Dank

Mein besonderer Dank gilt meiner Freundin Adelheid Laget. Mit großer Behutsamkeit hat sie die von mir ins Französische übersetzten Gedichte überarbeitet. Auf diese Weise können – davon bin ich überzeugt – die Gedichte in ihrem Gehalt und in ihrem melodischen Sprachduktus auch in der französischen Sprache erfahren werden.

Merci

Mes remerciements s'adressent tout particulièrement à mon amie Adelheid Laget. Elle a soigneusement étudié la traduction en français de mes poèmes. De cette façon je suis convaincu qu'ils peuvent également être vécus en français avec leur contenu et leur langue mélodique.

© *Ilka Scheidgen*

www.ilka-scheidgen.de